Mein Gartenplaner

Name: _____

Mein Gartenplaner - Index

Seite | Gebräuchliche Bezeichnung

Gebräuchliche Bezeichnung: _____

Botanische Bezeichnung: _____

Gekauft am: _____ **Preis:** _____

☐ einjährige Pflanze ☐ mehrjährige Pflanze
☐ Blume ☐ Strauch ☐ Baum ☐ Bodendecker
☐ Frucht ☐ Gemüse ☐ Gewürz

Gestartet als ☐ Saat ☐ Pflanze

Ausgesät / Gepflanzt am: _____

Ort der Saat / Bepflanzung: _____

Pflanzhinweise: _____
_____
_____

Sonnenlicht: ☐ Sonne ☐ Halbschatten ☐ Schatten

Wasserbedarf: _____

Pflegehinweise: _____
_____
_____

Dünger / Bodenzusatz / Unkrautvernichter: _____
_____

Ernte / Blütezeit: _____
_____

Verpflanzung / Vermehrung / Verteilung: _____

_____

Schädlinge / Probleme: _____

_____

Notizen: _____

_____

_____

_____

Foto / Pflanzschild / Saatpackung / Zeichnung:

Gebräuchliche Bezeichnung: _____

Botanische Bezeichnung: _____

Gekauft am: _____ **Preis:** _____

☐ einjährige Pflanze   ☐ mehrjährige Pflanze

☐ Blume   ☐ Strauch   ☐ Baum   ☐ Bodendecker

☐ Frucht ☐ Gemüse   ☐ Gewürz

Gestartet als   ☐ Saat   ☐ Pflanze

Ausgesät / Gepflanzt am: _____

Ort der Saat / Bepflanzung: _____

Pflanzhinweise: _____

_____

_____

Sonnenlicht: ☐ Sonne   ☐ Halbschatten   ☐ Schatten

Wasserbedarf: _____

Pflegehinweise: _____

_____

_____

Dünger / Bodenzusatz / Unkrautvernichter: _____

_____

Ernte / Blütezeit: _____

_____

Verpflanzung / Vermehrung / Verteilung: _____

Schädlinge / Probleme: _____

Notizen: _____

Foto / Pflanzschild / Saatpackung / Zeichnung:

Gebräuchliche Bezeichnung: _____

Botanische Bezeichnung: _____

Gekauft am: _____ **Preis:** _____

☐ einjährige Pflanze   ☐ mehrjährige Pflanze
☐ Blume   ☐ Strauch   ☐ Baum   ☐ Bodendecker
☐ Frucht ☐ Gemüse   ☐ Gewürz

Gestartet als   ☐ Saat   ☐ Pflanze

Ausgesät / Gepflanzt am: _____

Ort der Saat / Bepflanzung: _____

Pflanzhinweise: _____
_____
_____

Sonnenlicht: ☐ Sonne   ☐ Halbschatten   ☐ Schatten

Wasserbedarf: _____

Pflegehinweise: _____
_____
_____

Dünger / Bodenzusatz / Unkrautvernichter: _____
_____

Ernte / Blütezeit: _____
_____

Verpflanzung / Vermehrung / Verteilung: _____

_____

Schädlinge / Probleme: _____

_____

Notizen: _____

_____

_____

_____

Foto / Pflanzschild / Saatpackung / Zeichnung:

Gebräuchliche Bezeichnung: _____

Botanische Bezeichnung: _____

Gekauft am: _____ **Preis:** _____

- ☐ einjährige Pflanze   ☐ mehrjährige Pflanze
- ☐ Blume   ☐ Strauch   ☐ Baum   ☐ Bodendecker
- ☐ Frucht   ☐ Gemüse   ☐ Gewürz

Gestartet als   ☐ Saat   ☐ Pflanze

Ausgesät / Gepflanzt am: _____

Ort der Saat / Bepflanzung: _____

Pflanzhinweise: _____

_____

_____

Sonnenlicht: ☐ Sonne   ☐ Halbschatten   ☐ Schatten

Wasserbedarf: _____

Pflegehinweise: _____

_____

_____

Dünger / Bodenzusatz / Unkrautvernichter: _____

_____

Ernte / Blütezeit: _____

_____

Verpflanzung / Vermehrung / Verteilung: _____

_____

Schädlinge / Probleme: _____

_____

Notizen: _____

_____

_____

_____

Foto / Pflanzschild / Saatpackung / Zeichnung:

Gebräuchliche Bezeichnung: _____

Botanische Bezeichnung: _____

Gekauft am: _____ **Preis:** _____

- ☐ einjährige Pflanze   ☐ mehrjährige Pflanze
- ☐ Blume   ☐ Strauch   ☐ Baum   ☐ Bodendecker
- ☐ Frucht   ☐ Gemüse   ☐ Gewürz

Gestartet als   ☐ Saat   ☐ Pflanze

Ausgesät / Gepflanzt am: _____

Ort der Saat / Bepflanzung: _____

Pflanzhinweise: _____

_____

_____

Sonnenlicht: ☐ Sonne   ☐ Halbschatten   ☐ Schatten

Wasserbedarf: _____

Pflegehinweise: _____

_____

_____

Dünger / Bodenzusatz / Unkrautvernichter: _____

_____

Ernte / Blütezeit: _____

_____

Verpflanzung / Vermehrung / Verteilung: _____

Schädlinge / Probleme: _____

Notizen: _____

Foto / Pflanzschild / Saatpackung / Zeichnung:

Gebräuchliche Bezeichnung: _____

Botanische Bezeichnung: _____

Gekauft am: _____ **Preis:** _____

- ☐ einjährige Pflanze   ☐ mehrjährige Pflanze
- ☐ Blume ☐ Strauch ☐ Baum ☐ Bodendecker
- ☐ Frucht ☐ Gemüse ☐ Gewürz

Gestartet als   ☐ Saat   ☐ Pflanze

Ausgesät / Gepflanzt am: _____

Ort der Saat / Bepflanzung: _____

Pflanzhinweise: _____

_____

Sonnenlicht: ☐ Sonne   ☐ Halbschatten   ☐ Schatten

Wasserbedarf: _____

Pflegehinweise: _____

_____

_____

Dünger / Bodenzusatz / Unkrautvernichter: _____

_____

Ernte / Blütezeit: _____

_____

Verpflanzung / Vermehrung / Verteilung: _____

_____

Schädlinge / Probleme: _____

_____

Notizen: _____

_____

_____

_____

Foto / Pflanzschild / Saatpackung / Zeichnung:

Gebräuchliche Bezeichnung: _____

Botanische Bezeichnung: _____

Gekauft am: _____ **Preis:** _____

☐ einjährige Pflanze ☐ mehrjährige Pflanze
☐ Blume ☐ Strauch ☐ Baum ☐ Bodendecker
☐ Frucht ☐ Gemüse ☐ Gewürz

Gestartet als ☐ Saat ☐ Pflanze

Ausgesät / Gepflanzt am: _____

Ort der Saat / Bepflanzung: _____

Pflanzhinweise: _____
_____

Sonnenlicht: ☐ Sonne ☐ Halbschatten ☐ Schatten

Wasserbedarf: _____

Pflegehinweise: _____
_____
_____

Dünger / Bodenzusatz / Unkrautvernichter: _____
_____

Ernte / Blütezeit: _____

Verpflanzung / Vermehrung / Verteilung: _____

_____

Schädlinge / Probleme: _____

_____

Notizen: _____

_____

_____

_____

Foto / Pflanzschild / Saatpackung / Zeichnung:

Gebräuchliche Bezeichnung: _____

Botanische Bezeichnung: _____

Gekauft am: _____ **Preis:** _____

☐ einjährige Pflanze ☐ mehrjährige Pflanze
☐ Blume ☐ Strauch ☐ Baum ☐ Bodendecker
☐ Frucht ☐ Gemüse ☐ Gewürz

Gestartet als ☐ Saat ☐ Pflanze

Ausgesät / Gepflanzt am: _____

Ort der Saat / Bepflanzung: _____

Pflanzhinweise: _____

_____

_____

Sonnenlicht: ☐ Sonne ☐ Halbschatten ☐ Schatten

Wasserbedarf: _____

Pflegehinweise: _____

_____

_____

Dünger / Bodenzusatz / Unkrautvernichter: _____

_____

Ernte / Blütezeit: _____

_____

Verpflanzung / Vermehrung / Verteilung: _____

Schädlinge / Probleme: _____

Notizen: _____

Foto / Pflanzschild / Saatpackung / Zeichnung:

Gebräuchliche Bezeichnung: _____

Botanische Bezeichnung: _____

Gekauft am: _____ **Preis:** _____

☐ einjährige Pflanze ☐ mehrjährige Pflanze
☐ Blume ☐ Strauch ☐ Baum ☐ Bodendecker
☐ Frucht ☐ Gemüse ☐ Gewürz

Gestartet als ☐ Saat ☐ Pflanze

Ausgesät / Gepflanzt am: _____

Ort der Saat / Bepflanzung: _____

Pflanzhinweise: _____
_____
_____

Sonnenlicht: ☐ Sonne ☐ Halbschatten ☐ Schatten

Wasserbedarf: _____

Pflegehinweise: _____
_____
_____

Dünger / Bodenzusatz / Unkrautvernichter: _____
_____

Ernte / Blütezeit: _____
_____

Verpflanzung / Vermehrung / Verteilung: _____

_____

Schädlinge / Probleme: _____

_____

Notizen: _____

_____

_____

_____

Foto / Pflanzschild / Saatpackung / Zeichnung:

Gebräuchliche Bezeichnung: _____

Botanische Bezeichnung: _____

Gekauft am: _____ **Preis:** _____

- ☐ einjährige Pflanze   ☐ mehrjährige Pflanze
- ☐ Blume   ☐ Strauch   ☐ Baum   ☐ Bodendecker
- ☐ Frucht ☐ Gemüse   ☐ Gewürz

Gestartet als   ☐ Saat   ☐ Pflanze

Ausgesät / Gepflanzt am: _____

Ort der Saat / Bepflanzung: _____

Pflanzhinweise: _____

_____

Sonnenlicht: ☐ Sonne   ☐ Halbschatten   ☐ Schatten

Wasserbedarf: _____

Pflegehinweise: _____

_____

Dünger / Bodenzusatz / Unkrautvernichter: _____

Ernte / Blütezeit: _____

_____

Verpflanzung / Vermehrung / Verteilung: _____

Schädlinge / Probleme: _____

Notizen: _____

Foto / Pflanzschild / Saatpackung / Zeichnung:

Gebräuchliche Bezeichnung: _____

Botanische Bezeichnung: _____

Gekauft am: _____ **Preis:** _____

- ☐ einjährige Pflanze ☐ mehrjährige Pflanze
- ☐ Blume ☐ Strauch ☐ Baum ☐ Bodendecker
- ☐ Frucht ☐ Gemüse ☐ Gewürz

Gestartet als   ☐ Saat   ☐ Pflanze

Ausgesät / Gepflanzt am: _____

Ort der Saat / Bepflanzung: _____

Pflanzhinweise: _____

_____

_____

Sonnenlicht: ☐ Sonne   ☐ Halbschatten   ☐ Schatten

Wasserbedarf: _____

Pflegehinweise: _____

_____

_____

Dünger / Bodenzusatz / Unkrautvernichter: _____

_____

Ernte / Blütezeit: _____

_____

Verpflanzung / Vermehrung / Verteilung: _____

_____

Schädlinge / Probleme: _____

_____

Notizen: _____

_____

_____

_____

Foto / Pflanzschild / Saatpackung / Zeichnung:

Gebräuchliche Bezeichnung: _____

Botanische Bezeichnung: _____

Gekauft am: _____ **Preis:** _____

- ☐ einjährige Pflanze ☐ mehrjährige Pflanze
- ☐ Blume ☐ Strauch ☐ Baum ☐ Bodendecker
- ☐ Frucht ☐ Gemüse ☐ Gewürz

Gestartet als ☐ Saat ☐ Pflanze

Ausgesät / Gepflanzt am: _____

Ort der Saat / Bepflanzung: _____

Pflanzhinweise: _____

_____

_____

Sonnenlicht: ☐ Sonne ☐ Halbschatten ☐ Schatten

Wasserbedarf: _____

Pflegehinweise: _____

_____

_____

Dünger / Bodenzusatz / Unkrautvernichter: _____

_____

Ernte / Blütezeit: _____

_____

Verpflanzung / Vermehrung / Verteilung: _____

Schädlinge / Probleme: _____

Notizen: _____

Foto / Pflanzschild / Saatpackung / Zeichnung:

Gebräuchliche Bezeichnung: _____

Botanische Bezeichnung: _____

Gekauft am: _____ **Preis:** _____

☐ einjährige Pflanze	☐ mehrjährige Pflanze
☐ Blume ☐ Strauch	☐ Baum ☐ Bodendecker
☐ Frucht ☐ Gemüse	☐ Gewürz

Gestartet als ☐ Saat ☐ Pflanze

Ausgesät / Gepflanzt am: _____

Ort der Saat / Bepflanzung: _____

Pflanzhinweise: _____

_____

_____

Sonnenlicht: ☐ Sonne ☐ Halbschatten ☐ Schatten

Wasserbedarf: _____

Pflegehinweise: _____

_____

_____

Dünger / Bodenzusatz / Unkrautvernichter: _____

_____

Ernte / Blütezeit: _____

_____

Verpflanzung / Vermehrung / Verteilung: _____

Schädlinge / Probleme: _____

Notizen: _____

Foto / Pflanzschild / Saatpackung / Zeichnung:

Gebräuchliche Bezeichnung: _____

Botanische Bezeichnung: _____

Gekauft am: _____ **Preis:** _____

- ☐ einjährige Pflanze   ☐ mehrjährige Pflanze
- ☐ Blume   ☐ Strauch   ☐ Baum   ☐ Bodendecker
- ☐ Frucht   ☐ Gemüse   ☐ Gewürz

Gestartet als   ☐ Saat   ☐ Pflanze

Ausgesät / Gepflanzt am: _____

Ort der Saat / Bepflanzung: _____

Pflanzhinweise: _____

_____

_____

Sonnenlicht: ☐ Sonne   ☐ Halbschatten   ☐ Schatten

Wasserbedarf: _____

Pflegehinweise: _____

_____

_____

Dünger / Bodenzusatz / Unkrautvernichter: _____

_____

Ernte / Blütezeit: _____

_____

Verpflanzung / Vermehrung / Verteilung: _____

Schädlinge / Probleme: _____

Notizen: _____

Foto / Pflanzschild / Saatpackung / Zeichnung:

Gebräuchliche Bezeichnung: _____

Botanische Bezeichnung: _____

Gekauft am: _____ **Preis:** _____

☐ einjährige Pflanze   ☐ mehrjährige Pflanze
☐ Blume   ☐ Strauch   ☐ Baum   ☐ Bodendecker
☐ Frucht   ☐ Gemüse   ☐ Gewürz

Gestartet als   ☐ Saat   ☐ Pflanze

Ausgesät / Gepflanzt am: _____

Ort der Saat / Bepflanzung: _____

Pflanzhinweise: _____

_____

_____

Sonnenlicht: ☐ Sonne   ☐ Halbschatten   ☐ Schatten

Wasserbedarf: _____

Pflegehinweise: _____

_____

_____

Dünger / Bodenzusatz / Unkrautvernichter: _____

_____

Ernte / Blütezeit: _____

_____

Verpflanzung / Vermehrung / Verteilung: _____

Schädlinge / Probleme: _____

Notizen: _____

Foto / Pflanzschild / Saatpackung / Zeichnung:

Gebräuchliche Bezeichnung: _____

Botanische Bezeichnung: _____

Gekauft am: _____ **Preis:** _____

- ☐ einjährige Pflanze ☐ mehrjährige Pflanze
- ☐ Blume ☐ Strauch ☐ Baum ☐ Bodendecker
- ☐ Frucht ☐ Gemüse ☐ Gewürz

Gestartet als ☐ Saat ☐ Pflanze

Ausgesät / Gepflanzt am: _____

Ort der Saat / Bepflanzung: _____

Pflanzhinweise: _____

_____

_____

Sonnenlicht: ☐ Sonne ☐ Halbschatten ☐ Schatten

Wasserbedarf: _____

Pflegehinweise: _____

_____

_____

Dünger / Bodenzusatz / Unkrautvernichter: _____

_____

Ernte / Blütezeit: _____

_____

Verpflanzung / Vermehrung / Verteilung: _____

_____

Schädlinge / Probleme: _____

_____

Notizen: _____

_____

_____

_____

Foto / Pflanzschild / Saatpackung / Zeichnung:

Gebräuchliche Bezeichnung: _____

Botanische Bezeichnung: _____

Gekauft am: _____ **Preis:** _____

☐ einjährige Pflanze   ☐ mehrjährige Pflanze
☐ Blume   ☐ Strauch   ☐ Baum   ☐ Bodendecker
☐ Frucht   ☐ Gemüse   ☐ Gewürz

Gestartet als   ☐ Saat   ☐ Pflanze

Ausgesät / Gepflanzt am: _____

Ort der Saat / Bepflanzung: _____

Pflanzhinweise: _____

_____

_____

Sonnenlicht: ☐ Sonne   ☐ Halbschatten   ☐ Schatten

Wasserbedarf: _____

Pflegehinweise: _____

_____

_____

Dünger / Bodenzusatz / Unkrautvernichter: _____

_____

Ernte / Blütezeit: _____

_____

Verpflanzung / Vermehrung / Verteilung: _____

_____

Schädlinge / Probleme: _____

_____

Notizen: _____

_____

_____

_____

Foto / Pflanzschild / Saatpackung / Zeichnung:

Gebräuchliche Bezeichnung: _____

Botanische Bezeichnung: _____

Gekauft am: _____ **Preis:** _____

☐ einjährige Pflanze   ☐ mehrjährige Pflanze
☐ Blume   ☐ Strauch   ☐ Baum   ☐ Bodendecker
☐ Frucht ☐ Gemüse   ☐ Gewürz

Gestartet als   ☐ Saat   ☐ Pflanze

Ausgesät / Gepflanzt am: _____

Ort der Saat / Bepflanzung: _____

Pflanzhinweise: _____

_____

_____

Sonnenlicht: ☐ Sonne   ☐ Halbschatten   ☐ Schatten

Wasserbedarf: _____

Pflegehinweise: _____

_____

_____

Dünger / Bodenzusatz / Unkrautvernichter: _____

_____

Ernte / Blütezeit: _____

_____

Verpflanzung / Vermehrung / Verteilung: _____

_____

Schädlinge / Probleme: _____

_____

Notizen: _____

_____

_____

_____

Foto / Pflanzschild / Saatpackung / Zeichnung:

Gebräuchliche Bezeichnung: _____

Botanische Bezeichnung: _____

Gekauft am: _____ **Preis:** _____

- ☐ einjährige Pflanze ☐ mehrjährige Pflanze
- ☐ Blume ☐ Strauch ☐ Baum ☐ Bodendecker
- ☐ Frucht ☐ Gemüse ☐ Gewürz

Gestartet als ☐ Saat ☐ Pflanze

Ausgesät / Gepflanzt am: _____

Ort der Saat / Bepflanzung: _____

Pflanzhinweise: _____

_____

_____

Sonnenlicht: ☐ Sonne ☐ Halbschatten ☐ Schatten

Wasserbedarf: _____

Pflegehinweise: _____

_____

_____

Dünger / Bodenzusatz / Unkrautvernichter: _____

_____

Ernte / Blütezeit: _____

_____

Verpflanzung / Vermehrung / Verteilung: _____

Schädlinge / Probleme: _____

Notizen: _____

Foto / Pflanzschild / Saatpackung / Zeichnung:

Gebräuchliche Bezeichnung: _____

Botanische Bezeichnung: _____

Gekauft am: _____ **Preis:** _____

☐ einjährige Pflanze   ☐ mehrjährige Pflanze
☐ Blume   ☐ Strauch   ☐ Baum   ☐ Bodendecker
☐ Frucht   ☐ Gemüse   ☐ Gewürz

Gestartet als   ☐ Saat   ☐ Pflanze

Ausgesät / Gepflanzt am: _____

Ort der Saat / Bepflanzung: _____

Pflanzhinweise: _____

_____

_____

Sonnenlicht: ☐ Sonne   ☐ Halbschatten   ☐ Schatten

Wasserbedarf: _____

Pflegehinweise: _____

_____

_____

Dünger / Bodenzusatz / Unkrautvernichter: _____

_____

Ernte / Blütezeit: _____

_____

Verpflanzung / Vermehrung / Verteilung: _____

_____

Schädlinge / Probleme: _____

_____

Notizen: _____

_____

_____

_____

Foto / Pflanzschild / Saatpackung / Zeichnung:

Gebräuchliche Bezeichnung: _____

Botanische Bezeichnung: _____

Gekauft am: _____ **Preis:** _____

☐ einjährige Pflanze	☐ mehrjährige Pflanze
☐ Blume ☐ Strauch	☐ Baum ☐ Bodendecker
☐ Frucht ☐ Gemüse	☐ Gewürz

Gestartet als ☐ Saat ☐ Pflanze

Ausgesät / Gepflanzt am: _____

Ort der Saat / Bepflanzung: _____

Pflanzhinweise: _____

_____

_____

Sonnenlicht: ☐ Sonne ☐ Halbschatten ☐ Schatten

Wasserbedarf: _____

Pflegehinweise: _____

_____

_____

Dünger / Bodenzusatz / Unkrautvernichter: _____

_____

Ernte / Blütezeit: _____

_____

Verpflanzung / Vermehrung / Verteilung: _____

Schädlinge / Probleme: _____

Notizen: _____

Foto / Pflanzschild / Saatpackung / Zeichnung:

Gebräuchliche Bezeichnung: _____

Botanische Bezeichnung: _____

Gekauft am: _____ **Preis:** _____

- ☐ einjährige Pflanze   ☐ mehrjährige Pflanze
- ☐ Blume   ☐ Strauch   ☐ Baum   ☐ Bodendecker
- ☐ Frucht ☐ Gemüse   ☐ Gewürz

Gestartet als   ☐ Saat   ☐ Pflanze

Ausgesät / Gepflanzt am: _____

Ort der Saat / Bepflanzung: _____

Pflanzhinweise: _____

_____

_____

Sonnenlicht: ☐ Sonne   ☐ Halbschatten   ☐ Schatten

Wasserbedarf: _____

Pflegehinweise: _____

_____

_____

Dünger / Bodenzusatz / Unkrautvernichter: _____

_____

Ernte / Blütezeit: _____

_____

Verpflanzung / Vermehrung / Verteilung: _____

Schädlinge / Probleme: _____

Notizen: _____

Foto / Pflanzschild / Saatpackung / Zeichnung:

Gebräuchliche Bezeichnung: _____

Botanische Bezeichnung: _____

Gekauft am: _____ **Preis:** _____

☐ einjährige Pflanze   ☐ mehrjährige Pflanze
☐ Blume   ☐ Strauch   ☐ Baum   ☐ Bodendecker
☐ Frucht   ☐ Gemüse   ☐ Gewürz

Gestartet als   ☐ Saat   ☐ Pflanze

Ausgesät / Gepflanzt am: _____

Ort der Saat / Bepflanzung: _____

Pflanzhinweise: _____

_____

_____

Sonnenlicht: ☐ Sonne   ☐ Halbschatten   ☐ Schatten

Wasserbedarf: _____

Pflegehinweise: _____

_____

_____

Dünger / Bodenzusatz / Unkrautvernichter: _____

_____

Ernte / Blütezeit: _____

_____

Verpflanzung / Vermehrung / Verteilung: _____

_____

Schädlinge / Probleme: _____

_____

Notizen: _____

_____

_____

_____

Foto / Pflanzschild / Saatpackung / Zeichnung:

Gebräuchliche Bezeichnung: _____

Botanische Bezeichnung: _____

Gekauft am: _____ **Preis:** _____

☐ einjährige Pflanze ☐ mehrjährige Pflanze
☐ Blume ☐ Strauch ☐ Baum ☐ Bodendecker
☐ Frucht ☐ Gemüse ☐ Gewürz

Gestartet als ☐ Saat ☐ Pflanze

Ausgesät / Gepflanzt am: _____

Ort der Saat / Bepflanzung: _____

Pflanzhinweise: _____

_____

Sonnenlicht: ☐ Sonne ☐ Halbschatten ☐ Schatten

Wasserbedarf: _____

Pflegehinweise: _____

_____

Dünger / Bodenzusatz / Unkrautvernichter: _____

Ernte / Blütezeit: _____

Verpflanzung / Vermehrung / Verteilung: _____

Schädlinge / Probleme: _____

Notizen: _____

Foto / Pflanzschild / Saatpackung / Zeichnung:

Gebräuchliche Bezeichnung: _____

Botanische Bezeichnung: _____

Gekauft am: _____ **Preis:** _____

☐ einjährige Pflanze   ☐ mehrjährige Pflanze
☐ Blume ☐ Strauch ☐ Baum ☐ Bodendecker
☐ Frucht ☐ Gemüse ☐ Gewürz

Gestartet als   ☐ Saat   ☐ Pflanze

Ausgesät / Gepflanzt am: _____

Ort der Saat / Bepflanzung: _____

Pflanzhinweise: _____

_____

_____

Sonnenlicht: ☐ Sonne   ☐ Halbschatten   ☐ Schatten

Wasserbedarf: _____

Pflegehinweise: _____

_____

_____

Dünger / Bodenzusatz / Unkrautvernichter: _____

_____

Ernte / Blütezeit: _____

_____

Verpflanzung / Vermehrung / Verteilung: _____

_____

Schädlinge / Probleme: _____

_____

Notizen: _____

_____

_____

_____

Foto / Pflanzschild / Saatpackung / Zeichnung:

Gebräuchliche Bezeichnung: _____

Botanische Bezeichnung: _____

Gekauft am: _____ **Preis:** _____

- ☐ einjährige Pflanze ☐ mehrjährige Pflanze
- ☐ Blume ☐ Strauch ☐ Baum ☐ Bodendecker
- ☐ Frucht ☐ Gemüse ☐ Gewürz

Gestartet als   ☐ Saat   ☐ Pflanze

Ausgesät / Gepflanzt am: _____

Ort der Saat / Bepflanzung: _____

Pflanzhinweise: _____

_____

_____

Sonnenlicht: ☐ Sonne   ☐ Halbschatten   ☐ Schatten

Wasserbedarf: _____

Pflegehinweise: _____

_____

_____

Dünger / Bodenzusatz / Unkrautvernichter: _____

_____

Ernte / Blütezeit: _____

_____

Verpflanzung / Vermehrung / Verteilung: _____

_____

Schädlinge / Probleme: _____

_____

Notizen: _____

_____

_____

Foto / Pflanzschild / Saatpackung / Zeichnung:

Gebräuchliche Bezeichnung: _____

Botanische Bezeichnung: _____

Gekauft am: _____ **Preis:** _____

☐ einjährige Pflanze   ☐ mehrjährige Pflanze
☐ Blume   ☐ Strauch   ☐ Baum   ☐ Bodendecker
☐ Frucht   ☐ Gemüse   ☐ Gewürz

Gestartet als   ☐ Saat   ☐ Pflanze

Ausgesät / Gepflanzt am: _____

Ort der Saat / Bepflanzung: _____

Pflanzhinweise: _____
_____

Sonnenlicht: ☐ Sonne   ☐ Halbschatten   ☐ Schatten

Wasserbedarf: _____

Pflegehinweise: _____
_____

Dünger / Bodenzusatz / Unkrautvernichter: _____
_____

Ernte / Blütezeit: _____

Verpflanzung / Vermehrung / Verteilung: _____

_____

Schädlinge / Probleme: _____

_____

Notizen: _____

_____

_____

_____

Foto / Pflanzschild / Saatpackung / Zeichnung:

Gebräuchliche Bezeichnung: _____

Botanische Bezeichnung: _____

Gekauft am: _____ **Preis:** _____

☐ einjährige Pflanze ☐ mehrjährige Pflanze

☐ Blume ☐ Strauch ☐ Baum ☐ Bodendecker

☐ Frucht ☐ Gemüse ☐ Gewürz

Gestartet als ☐ Saat ☐ Pflanze

Ausgesät / Gepflanzt am: _____

Ort der Saat / Bepflanzung: _____

Pflanzhinweise: _____

_____

_____

Sonnenlicht: ☐ Sonne ☐ Halbschatten ☐ Schatten

Wasserbedarf: _____

Pflegehinweise: _____

_____

_____

Dünger / Bodenzusatz / Unkrautvernichter: _____

_____

Ernte / Blütezeit: _____

_____

Verpflanzung / Vermehrung / Verteilung: _____

Schädlinge / Probleme: _____

Notizen: _____

Foto / Pflanzschild / Saatpackung / Zeichnung:

Gebräuchliche Bezeichnung: _____

Botanische Bezeichnung: _____

Gekauft am: _____ **Preis:** _____

☐ einjährige Pflanze ☐ mehrjährige Pflanze
☐ Blume ☐ Strauch ☐ Baum ☐ Bodendecker
☐ Frucht ☐ Gemüse ☐ Gewürz

Gestartet als ☐ Saat ☐ Pflanze

Ausgesät / Gepflanzt am: _____

Ort der Saat / Bepflanzung: _____

Pflanzhinweise: _____
_____
_____

Sonnenlicht: ☐ Sonne ☐ Halbschatten ☐ Schatten

Wasserbedarf: _____

Pflegehinweise: _____
_____
_____

Dünger / Bodenzusatz / Unkrautvernichter: _____
_____

Ernte / Blütezeit: _____
_____

Verpflanzung / Vermehrung / Verteilung: _____

_____

Schädlinge / Probleme: _____

_____

Notizen: _____

_____

_____

_____

Foto / Pflanzschild / Saatpackung / Zeichnung:

Gebräuchliche Bezeichnung: _____

Botanische Bezeichnung: _____

Gekauft am: _____ **Preis:** _____

☐ einjährige Pflanze ☐ mehrjährige Pflanze
☐ Blume ☐ Strauch ☐ Baum ☐ Bodendecker
☐ Frucht ☐ Gemüse ☐ Gewürz

Gestartet als ☐ Saat ☐ Pflanze

Ausgesät / Gepflanzt am: _____

Ort der Saat / Bepflanzung: _____

Pflanzhinweise: _____

_____

_____

Sonnenlicht: ☐ Sonne ☐ Halbschatten ☐ Schatten

Wasserbedarf: _____

Pflegehinweise: _____

_____

_____

Dünger / Bodenzusatz / Unkrautvernichter: _____

_____

Ernte / Blütezeit: _____

_____

Verpflanzung / Vermehrung / Verteilung: _____

Schädlinge / Probleme: _____

Notizen: _____

Foto / Pflanzschild / Saatpackung / Zeichnung:

Gebräuchliche Bezeichnung: _____

Botanische Bezeichnung: _____

Gekauft am: _____ **Preis:** _____

- ☐ einjährige Pflanze ☐ mehrjährige Pflanze
- ☐ Blume ☐ Strauch ☐ Baum ☐ Bodendecker
- ☐ Frucht ☐ Gemüse ☐ Gewürz

Gestartet als ☐ Saat ☐ Pflanze

Ausgesät / Gepflanzt am: _____

Ort der Saat / Bepflanzung: _____

Pflanzhinweise: _____

_____

_____

Sonnenlicht: ☐ Sonne ☐ Halbschatten ☐ Schatten

Wasserbedarf: _____

Pflegehinweise: _____

_____

_____

Dünger / Bodenzusatz / Unkrautvernichter: _____

_____

Ernte / Blütezeit: _____

_____

Verpflanzung / Vermehrung / Verteilung: _____

_____

Schädlinge / Probleme: _____

_____

Notizen: _____

_____

_____

_____

Foto / Pflanzschild / Saatpackung / Zeichnung:

Gebräuchliche Bezeichnung: _____

Botanische Bezeichnung: _____

Gekauft am: _____ **Preis:** _____

☐ einjährige Pflanze ☐ mehrjährige Pflanze
☐ Blume ☐ Strauch ☐ Baum ☐ Bodendecker
☐ Frucht ☐ Gemüse ☐ Gewürz

Gestartet als   ☐ Saat   ☐ Pflanze

Ausgesät / Gepflanzt am: _____

Ort der Saat / Bepflanzung: _____

Pflanzhinweise: _____

_____

_____

Sonnenlicht: ☐ Sonne   ☐ Halbschatten   ☐ Schatten

Wasserbedarf: _____

Pflegehinweise: _____

_____

_____

Dünger / Bodenzusatz / Unkrautvernichter: _____

_____

Ernte / Blütezeit: _____

_____

Verpflanzung / Vermehrung / Verteilung: _____

Schädlinge / Probleme: _____

Notizen: _____

Foto / Pflanzschild / Saatpackung / Zeichnung:

Gebräuchliche Bezeichnung: _____

Botanische Bezeichnung: _____

Gekauft am: _____ **Preis:** _____

☐ einjährige Pflanze   ☐ mehrjährige Pflanze

☐ Blume   ☐ Strauch   ☐ Baum   ☐ Bodendecker

☐ Frucht   ☐ Gemüse   ☐ Gewürz

Gestartet als   ☐ Saat   ☐ Pflanze

Ausgesät / Gepflanzt am: _____

Ort der Saat / Bepflanzung: _____

Pflanzhinweise: _____

_____

_____

Sonnenlicht: ☐ Sonne   ☐ Halbschatten   ☐ Schatten

Wasserbedarf: _____

Pflegehinweise: _____

_____

_____

Dünger / Bodenzusatz / Unkrautvernichter: _____

_____

Ernte / Blütezeit: _____

_____

Verpflanzung / Vermehrung / Verteilung: _____

_____

Schädlinge / Probleme: _____

_____

Notizen: _____

_____

_____

_____

Foto / Pflanzschild / Saatpackung / Zeichnung:

Gebräuchliche Bezeichnung: _____

Botanische Bezeichnung: _____

Gekauft am: _____ **Preis:** _____

☐ einjährige Pflanze   ☐ mehrjährige Pflanze

☐ Blume   ☐ Strauch   ☐ Baum   ☐ Bodendecker

☐ Frucht   ☐ Gemüse   ☐ Gewürz

Gestartet als   ☐ Saat   ☐ Pflanze

Ausgesät / Gepflanzt am: _____

Ort der Saat / Bepflanzung: _____

Pflanzhinweise: _____

_____

_____

Sonnenlicht: ☐ Sonne   ☐ Halbschatten   ☐ Schatten

Wasserbedarf: _____

Pflegehinweise: _____

_____

_____

Dünger / Bodenzusatz / Unkrautvernichter: _____

_____

Ernte / Blütezeit: _____

_____

Verpflanzung / Vermehrung / Verteilung: _____

Schädlinge / Probleme: _____

Notizen: _____

Foto / Pflanzschild / Saatpackung / Zeichnung:

Gebräuchliche Bezeichnung: _____

Botanische Bezeichnung: _____

Gekauft am: _____ **Preis:** _____

☐ einjährige Pflanze ☐ mehrjährige Pflanze

☐ Blume ☐ Strauch ☐ Baum ☐ Bodendecker

☐ Frucht ☐ Gemüse ☐ Gewürz

Gestartet als ☐ Saat ☐ Pflanze

Ausgesät / Gepflanzt am: _____

Ort der Saat / Bepflanzung: _____

Pflanzhinweise: _____

_____

_____

Sonnenlicht: ☐ Sonne ☐ Halbschatten ☐ Schatten

Wasserbedarf: _____

Pflegehinweise: _____

_____

_____

Dünger / Bodenzusatz / Unkrautvernichter: _____

_____

Ernte / Blütezeit: _____

_____

Verpflanzung / Vermehrung / Verteilung: _____

_____

Schädlinge / Probleme: _____

_____

Notizen: _____

_____

_____

_____

Foto / Pflanzschild / Saatpackung / Zeichnung:

Gebräuchliche Bezeichnung: _____

Botanische Bezeichnung: _____

Gekauft am: _____ **Preis:** _____

☐ einjährige Pflanze   ☐ mehrjährige Pflanze
☐ Blume   ☐ Strauch   ☐ Baum   ☐ Bodendecker
☐ Frucht   ☐ Gemüse   ☐ Gewürz

Gestartet als   ☐ Saat   ☐ Pflanze

Ausgesät / Gepflanzt am: _____

Ort der Saat / Bepflanzung: _____

Pflanzhinweise: _____

_____

_____

Sonnenlicht: ☐ Sonne   ☐ Halbschatten   ☐ Schatten

Wasserbedarf: _____

Pflegehinweise: _____

_____

_____

Dünger / Bodenzusatz / Unkrautvernichter: _____

_____

Ernte / Blütezeit: _____

_____

Verpflanzung / Vermehrung / Verteilung: _____

_____

Schädlinge / Probleme: _____

_____

Notizen: _____

_____

_____

_____

Foto / Pflanzschild / Saatpackung / Zeichnung:

Gebräuchliche Bezeichnung: _____

Botanische Bezeichnung: _____

Gekauft am: _____ **Preis:** _____

☐ einjährige Pflanze ☐ mehrjährige Pflanze
☐ Blume ☐ Strauch ☐ Baum ☐ Bodendecker
☐ Frucht ☐ Gemüse ☐ Gewürz

Gestartet als ☐ Saat ☐ Pflanze

Ausgesät / Gepflanzt am: _____

Ort der Saat / Bepflanzung: _____

Pflanzhinweise: _____

_____

_____

Sonnenlicht: ☐ Sonne ☐ Halbschatten ☐ Schatten

Wasserbedarf: _____

Pflegehinweise: _____

_____

_____

Dünger / Bodenzusatz / Unkrautvernichter: _____

_____

Ernte / Blütezeit: _____

_____

Verpflanzung / Vermehrung / Verteilung: _____

Schädlinge / Probleme: _____

Notizen: _____

Foto / Pflanzschild / Saatpackung / Zeichnung:

Gebräuchliche Bezeichnung: _____

Botanische Bezeichnung: _____

Gekauft am: _____ **Preis:** _____

☐ einjährige Pflanze	☐ mehrjährige Pflanze
☐ Blume ☐ Strauch ☐ Baum ☐ Bodendecker	
☐ Frucht ☐ Gemüse ☐ Gewürz	

Gestartet als ☐ Saat   ☐ Pflanze

Ausgesät / Gepflanzt am: _____

Ort der Saat / Bepflanzung: _____

Pflanzhinweise: _____

_____

_____

Sonnenlicht: ☐ Sonne   ☐ Halbschatten   ☐ Schatten

Wasserbedarf: _____

Pflegehinweise: _____

_____

_____

Dünger / Bodenzusatz / Unkrautvernichter: _____

_____

Ernte / Blütezeit: _____

_____

Verpflanzung / Vermehrung / Verteilung: _____

Schädlinge / Probleme: _____

Notizen: _____

Foto / Pflanzschild / Saatpackung / Zeichnung:

Gebräuchliche Bezeichnung: _____

Botanische Bezeichnung: _____

Gekauft am: _____ **Preis:** _____

- ☐ einjährige Pflanze ☐ mehrjährige Pflanze
- ☐ Blume ☐ Strauch ☐ Baum ☐ Bodendecker
- ☐ Frucht ☐ Gemüse ☐ Gewürz

Gestartet als ☐ Saat ☐ Pflanze

Ausgesät / Gepflanzt am: _____

Ort der Saat / Bepflanzung: _____

Pflanzhinweise: _____

_____

_____

Sonnenlicht: ☐ Sonne ☐ Halbschatten ☐ Schatten

Wasserbedarf: _____

Pflegehinweise: _____

_____

_____

Dünger / Bodenzusatz / Unkrautvernichter: _____

_____

Ernte / Blütezeit: _____

_____

Verpflanzung / Vermehrung / Verteilung: _____

_____

Schädlinge / Probleme: _____

_____

Notizen: _____

_____

_____

_____

Foto / Pflanzschild / Saatpackung / Zeichnung:

Gebräuchliche Bezeichnung: _____

Botanische Bezeichnung: _____

Gekauft am: _____ **Preis:** _____

☐ einjährige Pflanze ☐ mehrjährige Pflanze

☐ Blume ☐ Strauch ☐ Baum ☐ Bodendecker

☐ Frucht ☐ Gemüse ☐ Gewürz

Gestartet als ☐ Saat ☐ Pflanze

Ausgesät / Gepflanzt am: _____

Ort der Saat / Bepflanzung: _____

Pflanzhinweise: _____

_____

_____

Sonnenlicht: ☐ Sonne ☐ Halbschatten ☐ Schatten

Wasserbedarf: _____

Pflegehinweise: _____

_____

_____

Dünger / Bodenzusatz / Unkrautvernichter: _____

_____

Ernte / Blütezeit: _____

Verpflanzung / Vermehrung / Verteilung: _____

_____

Schädlinge / Probleme: _____

_____

Notizen: _____

_____

_____

_____

Foto / Pflanzschild / Saatpackung / Zeichnung:

Gebräuchliche Bezeichnung: _____

Botanische Bezeichnung: _____

Gekauft am: _____ **Preis:** _____

☐ einjährige Pflanze ☐ mehrjährige Pflanze
☐ Blume ☐ Strauch ☐ Baum ☐ Bodendecker
☐ Frucht ☐ Gemüse ☐ Gewürz

Gestartet als ☐ Saat ☐ Pflanze

Ausgesät / Gepflanzt am: _____

Ort der Saat / Bepflanzung: _____

Pflanzhinweise: _____
_____

Sonnenlicht: ☐ Sonne ☐ Halbschatten ☐ Schatten

Wasserbedarf: _____

Pflegehinweise: _____
_____

Dünger / Bodenzusatz / Unkrautvernichter: _____
_____

Ernte / Blütezeit: _____

Verpflanzung / Vermehrung / Verteilung: _____

_____

Schädlinge / Probleme: _____

_____

Notizen: _____

_____

_____

_____

Foto / Pflanzschild / Saatpackung / Zeichnung:

Gebräuchliche Bezeichnung: _____

Botanische Bezeichnung: _____

Gekauft am: _____ **Preis:** _____

- ☐ einjährige Pflanze   ☐ mehrjährige Pflanze
- ☐ Blume ☐ Strauch ☐ Baum ☐ Bodendecker
- ☐ Frucht ☐ Gemüse ☐ Gewürz

Gestartet als   ☐ Saat   ☐ Pflanze

Ausgesät / Gepflanzt am: _____

Ort der Saat / Bepflanzung: _____

Pflanzhinweise: _____

_____

_____

Sonnenlicht: ☐ Sonne   ☐ Halbschatten   ☐ Schatten

Wasserbedarf: _____

Pflegehinweise: _____

_____

_____

Dünger / Bodenzusatz / Unkrautvernichter: _____

_____

Ernte / Blütezeit: _____

_____

Verpflanzung / Vermehrung / Verteilung: _____

_____

Schädlinge / Probleme: _____

_____

Notizen: _____

_____

_____

_____

Foto / Pflanzschild / Saatpackung / Zeichnung:

Gebräuchliche Bezeichnung: _____

Botanische Bezeichnung: _____

Gekauft am: _____ **Preis:** _____

☐ einjährige Pflanze   ☐ mehrjährige Pflanze
☐ Blume ☐ Strauch   ☐ Baum   ☐ Bodendecker
☐ Frucht ☐ Gemüse   ☐ Gewürz

Gestartet als   ☐ Saat   ☐ Pflanze

Ausgesät / Gepflanzt am: _____

Ort der Saat / Bepflanzung: _____

Pflanzhinweise: _____

_____

_____

Sonnenlicht: ☐ Sonne   ☐ Halbschatten   ☐ Schatten

Wasserbedarf: _____

Pflegehinweise: _____

_____

_____

Dünger / Bodenzusatz / Unkrautvernichter: _____

_____

Ernte / Blütezeit: _____

_____

Verpflanzung / Vermehrung / Verteilung: _____

_____

Schädlinge / Probleme: _____

_____

Notizen: _____

_____

_____

_____

Foto / Pflanzschild / Saatpackung / Zeichnung:

Gebräuchliche Bezeichnung: _____

Botanische Bezeichnung: _____

Gekauft am: _____ **Preis:** _____

- ☐ einjährige Pflanze   ☐ mehrjährige Pflanze
- ☐ Blume   ☐ Strauch   ☐ Baum   ☐ Bodendecker
- ☐ Frucht   ☐ Gemüse   ☐ Gewürz

Gestartet als   ☐ Saat   ☐ Pflanze

Ausgesät / Gepflanzt am: _____

Ort der Saat / Bepflanzung: _____

Pflanzhinweise: _____

_____

_____

Sonnenlicht: ☐ Sonne   ☐ Halbschatten   ☐ Schatten

Wasserbedarf: _____

Pflegehinweise: _____

_____

_____

Dünger / Bodenzusatz / Unkrautvernichter: _____

_____

Ernte / Blütezeit: _____

_____

Verpflanzung / Vermehrung / Verteilung: _____

_____

Schädlinge / Probleme: _____

_____

Notizen: _____

_____

_____

_____

Foto / Pflanzschild / Saatpackung / Zeichnung:

Gebräuchliche Bezeichnung: _____

Botanische Bezeichnung: _____

Gekauft am: _____ **Preis:** _____

☐ einjährige Pflanze ☐ mehrjährige Pflanze
☐ Blume ☐ Strauch ☐ Baum ☐ Bodendecker
☐ Frucht ☐ Gemüse ☐ Gewürz

Gestartet als ☐ Saat ☐ Pflanze

Ausgesät / Gepflanzt am: _____

Ort der Saat / Bepflanzung: _____

Pflanzhinweise: _____

_____

_____

Sonnenlicht: ☐ Sonne ☐ Halbschatten ☐ Schatten

Wasserbedarf: _____

Pflegehinweise: _____

_____

_____

Dünger / Bodenzusatz / Unkrautvernichter: _____

_____

Ernte / Blütezeit: _____

_____

Verpflanzung / Vermehrung / Verteilung: _____

_____

Schädlinge / Probleme: _____

_____

_____

Notizen: _____

_____

_____

_____

Foto / Pflanzschild / Saatpackung / Zeichnung:

Gebräuchliche Bezeichnung: _____

Botanische Bezeichnung: _____

Gekauft am: _____ **Preis:** _____

☐ einjährige Pflanze   ☐ mehrjährige Pflanze
☐ Blume ☐ Strauch   ☐ Baum   ☐ Bodendecker
☐ Frucht ☐ Gemüse   ☐ Gewürz

Gestartet als   ☐ Saat   ☐ Pflanze

Ausgesät / Gepflanzt am: _____

Ort der Saat / Bepflanzung: _____

Pflanzhinweise: _____

_____

_____

Sonnenlicht: ☐ Sonne   ☐ Halbschatten   ☐ Schatten

Wasserbedarf: _____

Pflegehinweise: _____

_____

_____

Dünger / Bodenzusatz / Unkrautvernichter: _____

_____

Ernte / Blütezeit: _____

_____

Verpflanzung / Vermehrung / Verteilung: _____

_____

Schädlinge / Probleme: _____

_____

Notizen: _____

_____

_____

_____

Foto / Pflanzschild / Saatpackung / Zeichnung:

Gebräuchliche Bezeichnung: _____

Botanische Bezeichnung: _____

Gekauft am: _____ **Preis:** _____

☐ einjährige Pflanze　　☐ mehrjährige Pflanze
☐ Blume　☐ Strauch　☐ Baum　☐ Bodendecker
☐ Frucht　☐ Gemüse　☐ Gewürz

Gestartet als　　☐ Saat　　☐ Pflanze

Ausgesät / Gepflanzt am: _____

Ort der Saat / Bepflanzung: _____

Pflanzhinweise: _____

_____

_____

Sonnenlicht:　☐ Sonne　☐ Halbschatten　☐ Schatten

Wasserbedarf: _____

Pflegehinweise: _____

_____

_____

Dünger / Bodenzusatz / Unkrautvernichter: _____

_____

Ernte / Blütezeit: _____

_____

Verpflanzung / Vermehrung / Verteilung: _____

_____

Schädlinge / Probleme: _____

_____

Notizen: _____

_____

_____

_____

Foto / Pflanzschild / Saatpackung / Zeichnung:

Gebräuchliche Bezeichnung: _____

Botanische Bezeichnung: _____

Gekauft am: _____ **Preis:** _____

☐ einjährige Pflanze ☐ mehrjährige Pflanze
☐ Blume ☐ Strauch ☐ Baum ☐ Bodendecker
☐ Frucht ☐ Gemüse ☐ Gewürz

Gestartet als   ☐ Saat   ☐ Pflanze

Ausgesät / Gepflanzt am: _____

Ort der Saat / Bepflanzung: _____

Pflanzhinweise: _____

_____

_____

Sonnenlicht: ☐ Sonne   ☐ Halbschatten   ☐ Schatten

Wasserbedarf: _____

Pflegehinweise: _____

_____

_____

Dünger / Bodenzusatz / Unkrautvernichter: _____

_____

Ernte / Blütezeit: _____

_____

Verpflanzung / Vermehrung / Verteilung: _____

_____

Schädlinge / Probleme: _____

_____

Notizen: _____

_____

_____

_____

Foto / Pflanzschild / Saatpackung / Zeichnung:

Copyright © 2019 by BTStyle.at

Umschlaggestaltung mit canva.com

Umschlagmotiv und Bilder von pixabay.com

Autor: S.Penc

E-Mail: office@btstyle.at

All rights reserved

Printed in Poland
by Amazon Fulfillment
Poland Sp. z o.o., Wrocław